MÉMOIRE

POUR SERVIR D'INSTRUCTION CONCERNANT LE SERVICE AUX *BATTERIES DES CÔTES.*

A PARIS,
DE L'IMPRIMERIE ROYALE.

M. DCCLVI.

TABLE

Des Titres contenus au Mémoire pour ſervir d'Inſtruction concernant le ſervice aux Batteries des Côtes.

MÉMOIRE

MÉMOIRE

Pour servir d'Instruction concernant le service aux Batteries des Côtes.

DU COMMANDANT DES BATTERIES.

ARTICLE PREMIER.

LES Officiers des compagnies détachées garde-côtes commanderont dans les batteries suivant leur grade & leur ancienneté ; mais ils cèderont le commandement à tout Officier des vaisseaux du Roi, ou à ceux des troupes réglées, qui seroient détachés aux batteries.

II.

L'OFFICIER commandant les batteries, tiendra la main à ce que les Canonniers classés, ou garde-côtes, fassent exactement leur devoir, & se conforment en tout à ce qui leur est prescrit par la présente instruction.

III.

SI le Commandant de la batterie est Officier garde-côte, & qu'il ait des plaintes à porter contre les Canonniers classés, il les adressera à l'Inspecteur général des batteries & au Commissaire de la marine du département dont seront ces Canonniers ; & dans le cas où l'Officier commandant sera de la marine, il s'adressera au Capitaine général ou major de la

A

garde-côte, pour les plaintes qu'il aura à porter contre les Canonniers tirés de la garde-côte.

DE LA POSITION DES BATTERIES, & de leur entretien.

I V.

L'EMPLACEMENT & la direction des batteries de la côte ayant été déterminés sur les ordres des Officiers généraux commandans dans la province, la position desdites batteries ne sera plus changée; il sera seulement permis aux Officiers qui y commanderont, de faire, lorsque l'ennemi sera présent, & suivant les circonstances, les dispositions intérieures qu'ils jugeront absolument nécessaires.

V.

SA MAJESTÉ ayant fait la dépense des battéries & plate-formes de la côte, aucune des plate-formes, s'il s'en trouve de bois, ne sera relevée sans l'ordre de l'Officier de la marine qui aura l'inspection des batteries, si ce n'est dans les cas de l'article précédent.

V I.

LES Canonniers de chaque batterie seront tenus à l'entretien de la batterie qu'ils auront à servir; ils répareront en gazonnage les parapets, merlons & épaulemens de terre; ils arracheront les herbes qui pourroient les dégrader; ils tiendront propres les plate-formes de pierre & de bois; ils entretiendront les rigoles pour l'écoulement des eaux, afin qu'elles n'inondent point les batteries.

Ils avertiront l'Inspecteur général des batteries, l'Officier commandant & le Commissaire de la marine du département, des dégradations & dépérissemens auxquels ils ne pourront point remédier.

DE LA LEVÉE DES CANONNIERS.

V I I.

IL sera nommé pour chaque batterie le nombre de maîtres

Canonniers, feconds, aides & Canonniers-fervans, que l'Infpecteur général des batteries jugera néceffaire pour la garde ordinaire defdites batteries.

VIII.

Il ne fera employé pour Canonniers-gardiens fur les batteries, que des Officiers mariniers, ou Matelots retirés du fervice, ayant, autant qu'il fe pourra, fervi de Canonniers fur les vaiffeaux du Roi: Et à leur défaut les Invalides en état de fervir feront préférés à ceux qui ne feront point Invalides.

IX.

Dans les batteries auxquelles on n'aura point nommé de Maître ou de fecond Canonnier, le Canonnier-gardien du magafin de la batterie fera les fonctions de maître Canonnier.

X.

Le grand nombre de Canonniers qu'exige le fervice des batteries de la côte, ne permettant pas qu'il y foit pourvû par des Canonniers de la marine, on y fuppléera par les Canonniers des compagnies détachées garde-côtes, & l'Infpecteur général des batteries en difpofera pour le fervice defdites batteries, après en avoir obtenu l'agrément de l'Officier général commandant dans la province, auquel il rendra compte de cette difpofition.

Le nombre des Canonniers-fervans fera fixé par pièce, favoir, pour un mortier, à huit hommes;

Et pour les canons du calibre de 48, 36, 24, 18, 12, 8, 6, 4
à 6, 6, 5, 5, 4, 4, 3, 3 hommes.

Bien entendu que les Canonniers de deux pièces confécutives s'aideront réciproquement.

XI.

Les Canonniers, chefs ou aides des compagnies détachées garde-côtes, feront fubordonnés au maître Canonnier, ou à celui qui en fera les fonctions.

XII.

Si les compagnies détachées garde-côtes d'une Capitainerie étoient raffemblées pour marcher en corps, il fera alors formé un détachement de Canonniers, ſuivant le beſoin des batteries, afin que leur ſervice ne ſoit point interrompu.

XIII.

LES Canonniers garde-côtes ſeront exempts de la garde, autre que celle des batteries, afin qu'ils puiſſent donner tout leur temps au mouvement & tranſport des munitions, au ſervice & à l'entretien des batteries, & à leur propre inſtruction.

XIV.

LES Officiers majors chargés du détail des compagnies détachées garde-côtes, formeront pour chaque batterie de leur capitainerie, un rôle du nom des Canonniers deſdites compagnies qui y ſeront deſtinés. Ils marqueront dans les colonnes de ce rôle, & à la ſuite du nom des Canonniers, leur demeure, & la diſtance de leur demeure à la batterie: Et il ſera remis un de ces rôles à l'Officier qui aura le commandement de la batterie.

INSPECTION ET REVUE.

XV.

L'INSPECTEUR général des batteries les fera chaque année pourvoir de bonne heure de toutes les munitions qu'il jugera néceſſaires, ſuivant l'étendue de chacune.

XVI.

LORSQU'IL fera ſa tournée chaque année, il viſitera toutes les batteries, les munitions & les magaſins, ou autres lieux dans leſquels elles auront été dépoſées.

XVII.

IL fera rendre compte de l'emploi des munitions aux Officiers commandans dans les batteries, ou à toute autre perſonne qui en ſera chargée.

XVIII.

IL fera faire par les Canonniers, chefs ou ſervans de chaque batterie, les parapets, barbettes & merlons des batteries qui pourront être réparées en terre & gazonnage.

XIX.

XIX.

Il visitera & fera relever par les mêmes Canonniers, les retranchemens de terre joignant ou fermant les batteries.

XX.

Les corps-de-garde & magasins servant à la garde-côte & appartenans à la province, seront sujets à la visite de l'Inspecteur général des batteries, si l'on y a déposé des munitions.

XXI.

L'Inspecteur général des batteries faisant sa revûe, fera appeller nom par nom les Canonniers qui auront été nommés pour le service des batteries, & il leur fera faire l'exercice, pour juger de l'instruction qu'ils auront reçûe.

DES MAGASINS ET MUNITIONS.

XXII.

Les munitions pour le service des batteries seront déposées dans les magasins du Roi ou corps-de-garde de la province, le plus à portée des batteries qu'il sera possible.

XXIII.

Tous les lieux où seront déposées les munitions des batteries, seront sujets à la visite de l'Inspecteur général des batteries & des Commissaires de la Marine du département desquels seront les batteries.

XXIV.

Les magasins où seront les munitions & les batteries, seront consignés dans l'état où ils se trouveront, & par inventaire, à celui qui y viendra commander, & il en demeurera responsable jusqu'à ce qu'il les ait consignés à celui qui viendra le relever.

XXV.

Les Canonniers-gardiens tiendront un état exact de leurs consommations par jour & date, pour le présenter lorsqu'ils en seront requis par l'Inspecteur général des batteries, par l'Officier commandant la batterie, & par le Commissaire de la marine du département.

XXVI.

ILS enverront deux fois par an l'état de leurs consommations, au Commissaire de la marine du département, savoir, au commencement de mai pour les sept mois d'hiver, à compter du premier octobre au dernier avril, & au commencement d'octobre pour les cinq mois d'été, depuis le premier mai jusqu'au dernier septembre.

XXVII.

LES Canonniers-gardiens auront une extrême attention à ce que les magasins soient propres & bien rangés, que les munitions y soient sèchement, & que les poudres soient en sûreté.

XXVIII.

AUSSI-TOST que le Canonnier-gardien s'apercevra qu'il y aura des réparations à faire au magasin, il en donnera avis au Commandant de la batterie, & il en fera un état qu'il adressera à l'Inspecteur général des batteries, & au Commissaire de la marine du département, afin que les réparations soient demandées à qui il appartiendra.

XXIX.

S'IL y a un magasin général pour le service de plusieurs batteries, les maîtres Canonniers feront porter dans le magasin le plus prochain de chaque batterie, les seuls ustensiles nécessaires à l'exécution des pièces de la batterie, ils les prendront par compte audit magasin général où resteront les autres ustensiles.

XXX.

IL ne se fera aucun mouvement ni transport de munitions, que par l'ordre de l'Inspecteur général des batteries, ou du Commissaire de la marine ayant le département des batteries, ou par l'ordre du Commandant des batteries, dans les occasions de service seulement.

XXXI.

LE remuement & le transport des munitions sera fait par les Canonniers classés & par les Canonniers garde-côtes; & s'il faut quelque secours extraordinaire pour exécuter le travail, il ſera demandé au Capitaine général de la capitainerie, ou aux maires & échevins, qui fourniront les hommes & chevaux néceſſaires.

XXXII.

LES uſtenſiles & munitions de guerre ſortant des ports & arſenaux du Roi pour être envoyés ſur les batteries, ſeront adreſſés aux Commiſſaires de la marine des départemens particuliers, qui en reſteront chargés; ils auront attention que les munitions ſoient réparties ſuivant les états qui en auront été dreſſés, & ils tireront des reçus des perſonnes auxquelles ils auront confié les munitions.

XXXIII.

A la paix, lorſque les batteries ſeront deſarmées, les Commiſſaires des départemens de la marine feront faire un recenſement exact de tous les effets de l'artillerie; ils donneront à ceux qui étoient chargés des munitions, une décharge de ce qui ſera enlevé pour être tranſporté ailleurs; ils prendront un reçu de celles qui reſteront à la côte, & qui ſeront conſignées au Capitaine, ou à telle autre perſonne qui conviendra. Les canons ſeront démontés & mis au corps-de-garde, ou au magaſin de la batterie, ſur des chantiers; les poudres ſeront miſes en barrils, pour être tranſportées dans les magaſins du Roi, les affûts ſeront mis ſous des hangars.

DU SERVICE JOURNALIER DES BATTERIES.

XXXIV.

LES Canonniers-gardiens prendront leur logement au corps-de-garde ou au magaſin de la batterie; & ſi cela ne ſe peut pas, ils ſe logeront dans le village le plus prochain.

XXXV.

LES maîtres Canonniers feront tous les jours, matin & ſoir, la viſite de leur batterie & de leur magaſin.

XXXVI.

LES Canonniers-gardiens auront une extrême attention à tenir les poudres ſèchement dans les magaſins, redoutes &

batteries, & ils répondront de la conſervation & conſommation des munitions.

XXXVII.

Il y aura toûjours quelques Canonniers de garde dans chaque batterie, le nombre en ſera fixé ſuivant l'étendue & la poſition des batteries.

XXXVIII.

Les Canonniers des compagnies détachées garde-côtes qui ſeront commandés pour les batteries, s'y rendront armés.

XXXIX.

Les Canonniers de garde auront attention que perſonne n'entre dans les batteries, à moins que ce ne ſoit des Officiers connus, ou autres perſonnes ayant droit.

XL.

Ils empêcheront que l'on n'approche des pièces, de peur qu'on ne les encloue, que l'on n'en bouche la lumière avec du gravier, & que l'on ne rempliſſe l'ame des pièces, de boulets ou pierres.

XLI.

Ils boucheront la lumière des pièces avec un filet d'étoupe enduit de ſuif, ou avec un petit bouchon de liége, & la bouche des pièces avec un tampon de bois, ou avec un valet enfoncé à la longueur du bras.

Ils tiendront les pièces de canon hors d'eau, c'eſt-à-dire, la culaſſe plus élevée que la volée.

XLII.

Dans les batteries dont les plate-formes ne ſeront point faites, les Canonniers après avoir arraché les herbes de la batterie, en uniront & affermiront le terrein avec du gravier battu & des recoupes de pierre de taille & de roc; ils mettront ſous les roues des affûts, des pierres plates pour les empêcher de s'enfoncer dans la terre, & les garantir de la pourriture.

XLIII.

Il ſera mis en gargouſſes trois coups par canon de chaque batterie, le reſte des poudres ſera conſervé en barril.

XLIV.

Si les circonſtances ont exigé de mettre en gargouſſes un plus

plus grand nombre de coups que celui de trois, l'excédent ſera remis en barril auſſi-tôt que la circonſtance ceſſera; les poudres en gargouſſes ſeront tenues dans des coffres ou barrils fermés, & dans des garde-feux.

XLV.

DANS les batteries voiſines des lieux de deſcente, il ſera fait un amas de cailloux ronds, autant qu'il ſe pourra, & de la groſſeur de boulets d'une livre ou deux, ils ſerviront au beſoin pour remplacer la mitraille conſommée.

XLVI.

ON ne tiendra point de canon ni de mortier chargé dans aucune batterie de la côte, crainte d'accident, ou pour la conſervation des poudres; on ne chargera les bombes que dans l'occaſion, mais elles ſeront nettoyées & rendues propres à recevoir la poudre; les bombes ſeront empilées l'œil en bas, pour qu'elles ne ſe rempliſſent ni d'eau ni de terre.

XLVII.

LE maître Canonnier & les Canonniers de garde examineront particulièrement ce qui ſe paſſera à la mer & à la côte, pour en donner auſſi-tôt avis à l'Officier commandant: cependant le maître Canonnier voyant quelque bâtiment ſuſpect, à portée de la batterie, ſoit qu'il faſſe ſa route, ſoit qu'il paroiſſe chaſſer quelqu'autre bâtiment, il pourra lui tirer un coup de canon ſans en avertir le Commandant de la batterie, de peur de manquer le moment, mais il enverra en même temps un de ſes ſervans pour prévenir l'Officier & recevoir ſes ordres.

XLVIII.

LE maître Canonnier tirera de même ſur tout bâtiment qui ne ſera pas connu & qui ſondera à la côte, qui l'examinera, ou qui viendra chercher un mouillage, à moins que ce bâtiment n'y ſoit forcé par le mauvais temps, qu'il ne ſe faſſe connoître pour ami, & qu'il ne demande du ſecours.

XLIX.

IL ne ſera tiré aucun coup de canon ni de mortier, que contre l'ennemi, ou pour ſignaux, & les ſignaux ne ſeront faits que par l'ordre de l'Officier commandant.

L.

Il est défendu aux Canonniers des batteries de la côte, de tirer aucun coup de canon ou de mortier, sous prétexte de souffler les pièces, ou par épreuve, ni pour salut, à moins, dans ce dernier cas, d'un ordre par écrit de l'Officier commandant, lequel ordre ils représenteront avec l'état de consommation.

DE L'EXERCICE.

L I.

Quand Sa Majesté aura jugé à propos de faire armer les batteries, les maîtres Canonniers en ayant reçu l'ordre de l'Officier de la marine commandant, feront faire une fois chaque jour l'exercice du canon & du mortier aux Matelots canonniers, pour les mettre en état de servir de chefs de pièces.

L I I.

A l'égard des Canonniers des compagnies détachées garde-côtes, s'ils ne sont point journellement assemblés & entretenus sur les batteries, il en sera commandé pour l'exercice un certain nombre qui s'assembleront tous les Dimanches dans chaque batterie, depuis le premier avril jusqu'au dernier octobre; ils marcheront aux batteries avec leurs Officiers qui en auront reçu l'ordre du Capitaine général, & lesdits Officiers seront tenus d'être présens à l'exercice.

L I I I.

Le maître Canonnier sera toûjours présent à l'exercice du canon & du mortier, il le commandera lui-même, ou le fera commander par quelqu'un de ses seconds, aides ou Canonniers-servans.

L I V.

Le maître Canonnier aura une attention particulière à apprendre aux Canonniers quelle est la charge convenable à chaque calibre, & de quelle manière on doit pointer le canon & le mortier.

La charge ordinaire du canon est, savoir,
pour le calibre de 48, 36, 24, 18, 12, 8, 6, 4,
de 20, 15, 10, $7\frac{1}{2}$, $5\frac{1}{2}$, 4, 3, 3 livres.

On charge le mortier de 12, 15, 18 ou 20 livres, ſuivant le calibre & ſuivant la diſtance de l'objet.

L V.

DANS les exercices il ne ſera armé de pièces que ſuivant la quantité de Canonniers que l'on aura, afin de faire l'exercice plus régulièrement.

L V I.

IL ne ſera point tiré de canon ni de mortier aux exercices ordinaires de la côte.

DE L'ALARME.

L V I I.

LE nombre de Canonniers néceſſaires au ſervice de chaque batterie ayant été réglé par l'Inſpecteur général des batteries, les Capitaines généraux garde-côtes feront tenus en cas d'alarme d'y faire raſſembler les Canonniers des compagnies détachées de leur Capitainerie, & ils prendront à cet effet les meſures néceſſaires pour exécuter ponctuellement & promptement cet arrangement.

L V I I I.

DANS toutes les occaſions d'alarme, les paroiſſes dans leſquelles ſeront les batteries, fourniront une ou pluſieurs charrettes attelées, qui auront ordre de ſe trouver au magaſin de la batterie pour le tranſport des munitions; & afin que ce ſervice ne ſouffre point de retardement, les Maires, Conſuls & Syndics ſeront chargés de les ordonner & de tenir la main à ce qu'elles partent dans le moment.

Il ſera fourni une charrette pour quatre pièces de canon, deux pour huit, trois pour douze, quatre pour ſeize, cinq pour vingt, & pour tel nombre de pièces que ce ſoit au deſſus de vingt. On deſtinera une charrette pour le ſervice de chaque mortier mis en batterie.

L I X.

LES Canonniers marchant aux batteries dans les cas d'alarme, y porteront leur fuſil & bayonnette, afin d'être en état de défendre les batteries, retranchemens, poſtes & redoutes, lorſque l'ennemi étant fort près, ou ayant mis pied à terre, les Canonniers ne pourront faire ſur lui feu de leur canon.

L X.

LE Canonnier-chef arrivant à la batterie, fera une revûe exacte des uſtenſiles & munitions de la batterie & il verra s'il a ſuffiſamment de poudre pour tirer vingt, vingt-cinq ou trente coups de chaque pièce; il en rendra compte à l'Officier commandant, & recevra ſes ordres.

L X I.

IL fera placer près de chaque pièce les armes néceſſaires à ſon exécution.

Il fera ranger par calibre les boulets auprès de leur pièce.

Il fera un amas de fourrage ſec, ou de gazon, pour bourrer les canons & tenir lieu de valets s'il en manque.

Il fera placer les coffres ou barrils à gargouſſes dans un endroit un peu éloigné de la batterie, & à l'abri du feu de l'ennemi.

Il poſera un ſentinelle aux poudres.

L X I I.

LES maîtres Canonniers mettront en gargouſſes le plus de poudre qu'ils pourront, & ils remplaceront pendant le combat celles qui ſeront conſommées.

L X I I I.

LES Bombardiers obſerveront les mêmes choſes relativement aux mortiers; en cas d'alarme ils chargeront cinq bombes par mortier, & ils remplaceront continuellement juſqu'à ce nombre, celles qu'ils conſommeront.

Ils auront de la compoſition toute préparée dans les pulverins.

L X I V.

TOUS les canons alors ſeront armés & chargés; le Canonnier mettra un petit bouchon d'étoupe ſèche dans la lumière, elle ſera couverte d'une platine de plomb ou d'un chapiteau de bois, & il n'amorcera les pièces qu'au moment de faire feu.

L X V.

LES mortiers ne ſeront chargés qu'au moment de tirer.

L X V I.

LORSQUE l'ennemi ſera retiré, s'il y a des pièces chargées on on n'y mettra point feu, mais elles seront déchargées avec le tire-bourre & la cuillière, afin de ne pas consommer mal à propos les munitions.

DE L'EXECUTION DES PIECES.

L X V I I.

DANS l'exécution des pièces le maître Canonnier portera son attention à toutes également, & les Canonniers de deux pièces consécutives s'aideront réciproquement.

L X V I I I.

LES Canonniers & Bombardiers observeront en général de ne tirer qu'à coups sûrs & lentement, pour se donner le temps de bien pointer, & pour ne point consommer mal à propos les munitions.

L X I X.

LA charge du canon à boulet, & celle du mortier, seront proportionnées à la distance, celle du canon à mitraille ne sera point diminuée.

L X X.

LORSQUE le canon sera tiré à mitraille, les Canonniers observeront que le poids de la mitraille n'excède pas celui du boulet qu'elle remplace.

L X X I.

LES Canonniers auront attention de diminuer la charge ordinaire du combat, pour les pièces dont l'épaisseur du métal est au dessous des proportions ordinaires, afin de les ménager, & cette diminution sera d'environ une once par livre de poudre.

L X X I I.

SI l'ennemi tente une descente, les Canonniers tireront au milieu des chaloupes de débarquement, préférablement aux vaisseaux, afin de les rompre dans leur marche, de les couler bas, & de porter le desordre dans la descente.

L X X I I I.

LORSQUE les chaloupes seront fort proches, les Canonniers tireront un coup à mitraille, & si elle porte bien, ils tireront

D

à mitraille de quelques pièces, tirant à boulet de quelques autres, de peur de faire crever la pièce en tirant en même temps à mitraille & à boulet.

LXXIV.

Si le feu du Canon est un peu rasant, les Canonniers tireront un peu bas à boulet, parce que le ricochet leur sera très-avantageux; ils pointeront un peu plus haut pour la mitraille, qui ne porte pas loin; ils observeront de pointer toûjours un peu en avant des bâtimens qui marcheront.

LXXV.

Les Bombardiers pointeront sur les vaisseaux mouillés, pour les obliger de lever l'ancre; ils tireront particulièrement sur les frégates qui s'avanceront pour protéger les chaloupes; ils mesureront la charge du mortier & la durée du feu de la fusée, suivant la distance, en sorte que la bombe porte juste & puisse crever à fleur d'eau.

LXXVI.

Les Bombardiers pourront jeter quelques bombes au milieu des chaloupes de débarquement, lorsqu'elles seront encore un peu au large; & lorsque les chaloupes seront fort proches des batteries de mortier, les Bombardiers pourront charger le mortier à petite charge sans tampon, mettre un plateau de bois au fond de l'ame, & remplir ensuite le mortier de grosses pierres ou cailloux ronds & de terre battue, pour en remplir les intervalles; ils tireront ainsi à mitraille au milieu des chaloupes.

LXXVII.

DE L'EXERCICE DU CANON ET DU MORTIER, qui sera fait dans les batteries de la côte.

EXERCICE DU CANON.

COMMANDEMENT.	*Explication des Commandemens.*
1. *Canonniers, prenez garde à vous.*	Ce commandement se fait pour que les Canonniers & Servans se tiennent attentifs au commandement; ils donnent un coup d'œil autour d'eux, pour voir s'il ne manque rien pour faire l'exercice.

2. *A vos postes.* Les Canonniers ayant rangé auprès des pièces les armes nécessaires à leur exécution, doivent se mettre chacun à leur poste : Il doit y avoir, savoir,

A la gauche de la pièce.	*A la droite de la pièce.*
La moitié des Servans.	La moitié des Servans.
Une pince.	Une pince.
Un anspect.	Un anspect.
Un écouvillon.	Une cuillière.
Un refouloir.	Un tire-bourre.
Un garde-feu.	Les valets.
Les boulets.	Un balai.
Le boute-feu piqué à quelques pas derrière la pièce.	

3. *Prenez les pinces & anspects.*

4. *Mettez la pièce hors de batterie.*

Ces deux commandemens supposent que la pièce est en batterie, ou qu'elle n'est pas assez reculée sur sa plate-forme pour être chargée commodément. En exécutant le dernier commandement on met une masse ou un anspect en avant des roues, pour empêcher la pièce de retomber en batterie si la plate-forme a beaucoup d'inclinaison.

5. *Disposez la pièce à être chargée.* La culasse de la pièce devant être plus élevée que la volée, pour faciliter l'écoulement de l'eau qui auroit pû y entrer ; on dispose la pièce à être chargée, en baissant un peu la culasse au dessous de la ligne horizontale, pour que le boulet puisse rouler jusqu'au fond. A ce même commandement le Canonnier de la gauche ôte le filet d'étoupe ou le petit bouchon de liége dont on doit boucher la lumière des pièces hors les temps d'exercice & de service, il sonde la lumière avec le dégorgeoir ; le Canonnier de la droite ôte en même temps la tape ou le tampon de bois qui devoit être à la bouche de la pièce.

6. *Remettez les pinces & anspects.* Ils sont inutiles aux mouvemens qu'on va exécuter ; en posant les pinces & anspects, on les met sur le terrein parallèlement à la pièce, la poignée vers l'épaulement.

7. *A l'écouvillon.* Le Canonnier de la gauche prend l'écouvillon, & le présente à la bouche de la pièce.

8. *Bouchez la lumière.*	Un dernier Servant de la droite bouche la lumière en mettant le pouce dessus, tandis qu'on écouvillonne.
9. *A la poudre.*	Un dernier Canonnier servant de la gauche va chercher la gargousse dans un garde-feu, ou la poudre dans un sac, & l'apporte au premier Canonnier de la gauche.
10. *Ecouvillonnez.*	Avant de charger une pièce il faut toûjours passer dedans l'écouvillon pour la nettoyer, on plonge à trois reprises l'écouvillon, en le tournant; cela s'exécute par les Canonniers-chefs, qui doivent s'assurer particulièrement si la pièce est nette, & à qui il appartient de la charger.
11. *Retirez l'écouvillon, & changez le en refouloir,* ou bien	L'écouvillon & le refouloir sont ordinairement sur la même hampe, ainsi en retirant l'écouvillon il le faut changer bout pour bout & le mettre dans l'embrasure, afin que la tête du refouloir soit présentée à la pièce.
[1] *Mettez l'écouvillon en son lieu,* [2] *Prenez le refouloir,*	Si l'écouvillon & le refouloir avoient chacun leur hampe, on feroit le commandement de remettre l'écouvillon en son lieu, & de prendre le refouloir.
12. *Mettez la gargousse dans le canon,* ou bien	Le Canonnier de la droite prend la gargousse dans le garde-feu que lui présente le Canonnier de la gauche; il observe de mettre la gargousse le cul le premier, & que la couture soit en dessous; il enfonce la gargousse avec la main, à six pouces de la bouche.
[1] *Prenez la cuillière,* [2] *Mettez la poudre dans le canon,* [3] *Remettez la cuillière en son lieu.*	Si l'on charge avec la cuillière, on fait les trois autres commandemens. Au premier le Canonnier de la droite prend la cuillière & la présente en avant & un peu au dessous de la volée de la pièce, ayant la main droite au bout de la hampe à joindre la cuillière, & la main gauche au bout de la cuillière, pour en retenir la poudre lorsque le Canonnier de la gauche vuide le sac ou la mesure. Au second commandement le Canonnier met la cuillière dans le canon, en la glissant droit & doucement, & en baissant un peu la hampe : Quand la cuillière touche le fond de l'ame, le Canonnier qui avoit les deux mains en dessous la hampe, les doigts fermés en haut, change les mains de position, empoigne la hampe en

en dessus, & par un coup de main fait faire à la cuillière un demi-tour, pour en vuider la poudre dans l'ame. Au troisième commandement il retire la cuillière doucement, observant de ne point faire de traînée de poudre dans la pièce.

13. *Mettez le valet sur la poudre.* Le valet est un bouchon de cordage défait ou de fourrage, dont on met un sur la poudre, & un autre sur le boulet, un Canonnier de la droite donne le valet au chef de la droite.

14. *Poussez la gargousse au fond du canon.* Le premier Canonnier de la gauche prend le refouloir, le présente à la pièce, & pousse avec le premier Canonnier de la droite le valet & la gargousse ensemble au fond du canon.

15. *Refoulez cinq fois.* Ce nombre de coups suffit pour bien ranger la gargousse, & serrer le valet sur la charge; avant de tirer le refouloir le Canonnier doit sonder la gargousse avec un dégorgeoir, pour s'assurer qu'elle est rendue au fond de la pièce.

Si l'on charge avec la cuillière, un Servant de la droite doit boucher la lumière avec le pouce tandis qu'on refoule.

16. *Retirez le refouloir.* On le pose dans l'embrasure de la batterie.

17. *Mettez le boulet dans le canon.* Le Canonnier de la gauche met dans la bouche du canon le boulet que lui donne un de ses Servans, le boulet roule naturellement sur la charge, parce que la volée de la pièce est un peu élevée.

18. *Mettez le valet sur le boulet.* Le Canonnier de la droite met sur le boulet le valet que lui donne un de ses Servans.

19. *Refoulez trois fois.* Pour augmenter la résistance du valet, en le serrant, & empêcher ainsi que le poids du boulet ne fasse glisser le valet si la pièce est pointée bas.

20. *Retirez le refouloir, & mettez-le en sa place.* Le Canonnier de la gauche retire le refouloir, & il observe, en le remettant en sa place, de le changer bout pour bout s'il est sur la même hampe que l'écouvillon, afin que celui-ci soit présenté vers l'arrière de la pièce, pour être plus disposé à servir quand on en aura besoin.

21. *Mettez la pièce en batterie.* Les Canonniers-servans de droite & de gauche, prennent les pinces & anspects pour mouvoir les roues & pousser la pièce en batterie, après toutefois avoir ôté l'anspect, ou la masse, que l'on avoit mis en avant des roues.

22. *Percez la gargousse.* Le dégorgeoir est un fil de fer d'une grosseur proportionnée à la lumière de la pièce.

Le Canonnier de la gauche qui a la corne d'amorce, introduit le dégorgeoir dans la lumière pour crever la gargousse; il sent aisément si la gargousse est percée, à la résistance qu'elle fait, & il s'en assure encore en passant sur la main le dégorgeoir, qui doit y laisser une trace noire par les grains de poudre qu'il a écrasés. Ce commandement n'a lieu que lorsqu'on charge à gargousses.

23. *Amorcez.* On retire légèrement le dégorgeoir tandis que l'on amorce, & l'on observe que la poudre ne s'engorge pas dans la lumière, & qu'elle tombe jusqu'à la gargousse, remplissant le vuide de la chambre.

La corne d'amorce ou le pulverin doit tenir environ deux livres de poudre, afin de fournir à plusieurs amorces, car il y en a qui consomment beaucoup de poudre, ce qui arrive lorsque la gargousse n'est pas rendue au fond de l'ame.

Le Canonnier ayant rempli la lumière, fait de lui-même une traînée de poudre sur la plate-bande de la culasse ou le long du camp de la lumière, & il en écrase quelques grains avec la corne d'amorce, afin que la poudre s'enflamme plus aisément.

Le Canonnier, après avoir amorcé, doit boucher le pulverin crainte d'accident.

24. *Couvrez la lumière.* Ce commandement n'a lieu que lorsqu'on ne doit pas tirer aussi-tôt que la pièce est chargée, parce qu'en ce cas il est de la prudence que la lumière soit couverte à cause des flammèches que le vent peut enlever des boute-feux.

25. *Au bouton & au flasque.* Les Servans sont avertis par ce commandement, de prendre les pinces & anspects pour pousser l'avant & l'arrière de l'affût d'un côté ou de l'autre,

pour dreſſer la pièce à l'objet, & pour lui donner la hauteur en baiſſant ou élevant la culaſſe.

26. *Pointez.* C'eſt le Canonnier-chef qui doit pointer la pièce. Il faut pour bien pointer, avoir égard à bien des circonſtances que l'expérience apprend mieux qu'un détail bien long. Lorſque le Canonnier pointe, un ou deux Servans ſont au bouton, comme on vient de le dire, pour lever la culaſſe de la pièce, tandis que le pointeur avance ou recule le coin de mire; il fait ſigne aux Servans du flaſque, ſans leur parler, du côté qu'il veut que l'on pouſſe l'affût, en touchant le flaſque d'une main ou de l'autre, ou bien il ſe ſert de ces deux termes, *donnez, rendez*, dont le premier eſt un commandement au Servant de la droite de l'avant du flaſque, & au Servant de la gauche de l'arrière du flaſque, de pouſſer un peu l'affût pour que la pièce préſente plus ſur la gauche; le terme *rendez*, s'adreſſe aux Servans de l'avant du flaſque à gauche, & de l'arrière du flaſque à droite, pour pointer ſur la droite.

27. *Au boute-feu.* Ce commandement & les quatre ſuivans doivent ſe faire tout de ſuite, parce qu'ils demandent une exécution prompte. Au premier commandement le premier Canonnier de la gauche va prendre le boute-feu en arrière de la pièce, & vient ſe mettre à la hauteur de la culaſſe du côté gauche, le bras tendu à la hauteur de l'épaule, le dos tourné à l'épaulement, ayant en même temps la main gauche ſur la platine.

28. *A l'Anſpect.* Si la plate-forme a beaucoup d'inclinaiſon, on fait le commandement à un Servant de la droite pour qu'il préſente un anſpect ou quelqu'autre obſtacle, en avant des roues auſſi-tôt que l'on aura mis feu, pour empêcher la pièce de retomber en batterie après le recul.

29. *Soufflez la mèche.* Le Canonnier qui doit mettre feu, ſouffle fortement la mèche pour en faire voler la cendre, & éloigne le boute-feu de lui en étendant le bras par un mouvement bruſque.

30. *Découvrez la lumière.* Le même Canonnier découvre enſuite la lumière en levant la platine de la main gauche, ou bien un Servant de la droite lève le chapiteau.

31. *Feu.* Le Canonnier met feu en touchant avec la mèche la traînée de poudre ; aussi-tôt après il va piquer le boute-feu où il étoit, en arrière de la pièce.

Dans l'exécution des pièces le Canonnier pointeur se met en arrière de la pièce, hors le recul ; il observe l'objet & commande de mettre feu ; il observe le coup.

32. *A l'écouvillon.* Aussi-tôt après avoir tiré, il faut écouvillonner la pièce pour la nettoyer.

33. *Bouchez la lumière.* Un Servant de la droite bouche la lumière avec le pouce, afin qu'en privant la pièce d'air, on étouffe & l'on éteigne le feu qui auroit pû y rester.

34. *Mettez la pièce hors d'eau.* Quand l'exercice est fini, on met la pièce hors d'eau en élevant la culasse.

35. *Bouchez la lumière & tapez le canon.* On met à la bouche du canon une tape ou tampon pour empêcher l'eau d'y entrer ; & pour que l'on ne jette rien dans la volée, on bouche la lumière avec un filet d'étoupe enduit de suif, ou avec un bouchon de liége.

RÉCAPITULATION des fonctions de six Canonniers servant une pièce.

Premier Canonnier de la gauche.	*Premier Canonnier de la droite.*
Débouche la lumière.	Détape le canon.
Prend l'écouvillon.	Ecouvillonne.
Remet l'écouvillon, ou le change en refouloir.	
Prend le garde-feu, que lui apporte un servant de la gauche.	Prend la gargousse dans le garde feu.
Ou si on charge sans gargousse,	
Donne la poudre au Canonnier de la droite.	Prend la cuillière, & reçoit la poudre que lui donne le Canonnier de la gauche.
	Met la poudre dans la pièce.
	Remet la cuillière en sa place.
Remet le garde-feu.	
	Prend le valet, & le met sur la poudre.
Prend le refouloir.	
	Refoule

Premier Canonnier de la gauche.

Refoule ſur le valet de la poudre.

Sonde la gargouſſe.

Remet le refouloir dans l'embraſure.

Met le boulet dans la pièce.

Refoule ſur le valet du boulet.

Remet le refouloir en ſa place, & le change en écouvillon.

Crève la gargouſſe, & amorce.

Prend & ſouffle le boute-feu.

Lève la platine.

Met feu.

Remet le boute-feu.

Premier Canonnier de la droite.

Prend le valet, & le met ſur le boulet.

Pointe.

Obſerve le coup.

Bouche la lumière.

Tape le canon.

Premier Servant de la gauche.

Prend un anſpect ou une pince, pour mettre la pièce en batterie & hors de batterie.

Donne le boulet au Canonnier de la gauche.

Donne du flaſque en avant lorſque l'on pointe.

Remet l'anſpect en ſa place.

Met feu quand le Canonnier de la gauche eſt occupé ailleurs.

Premier Servant de la droite.

Prend un anſpect ou une pince, pour mettre la pièce en batterie.

Met un anſpect ou un autre obſtacle en avant des roues, quand la pièce eſt hors de batterie.

Donne les valets au Canonnier de la droite.

Oſte l'anſpect de devant les roues, pour remettre en batterie.

Donne du flaſque en avant lorſque l'on pointe.

Remet l'anſpect en ſa place.

Lève le chapiteau de deſſus la lumière.

Met le chapiteau ſur la lumière.

Second Servant.

Va chercher la poudre dans un garde-feu, & la donne au premier Canonnier de la gauche.

Paſſe l'anſpect ſous l'entre-toiſe de lunette ou ſous la roue d'arrière, pour aider à mettre en batterie.

Second Servant.

Bouche la lumière tandis que l'on écouvillonne & que l'on refoule.

Paſſe l'anſpect ſous l'entre-toiſe de lunette ou ſous la roue d'arrière, pour aider à mettre en batterie.

Second Servant.

Présente la pince au bouton pour lever la culasse tandis que l'on pointe.

Donne du flasque en arrière.

Remet la pince en sa place.

Second Servant.

Balaye la plate-forme après que l'on a chargé & amorcé.

Présente la pince au bouton pour lever la culasse tandis que l'on pointe.

Donne du flasque en arrière.

Remet la pince en sa place.

S'il y a plus de six Canonniers & Servans, les autres doublent sur les pinces & anspects; & s'il y en a moins, le dernier Servant fait la fonction de deux.

EXERCICE DU MORTIER.

COMMANDEMENT.	*Explication des Commandemens.*
1. *Bombardiers, prenez garde à vous.*	A ce commandement les Bombardiers-chefs donnent un coup d'œil autour d'eux, pour voir s'il ne manque rien pour l'exécution des mortiers & pour l'exercice.
2. *A vos postes.*	Les Bombardiers & Servans se rangent également de chaque côté du mortier.

Il doit y avoir, SAVOIR,

A la gauche du Mortier.

Le second Bombardier.

La moitié des Servans.

La mesure à poudre.

La coupelle ou l'entonnoir.

Un pulverin de composition.

La terre douce.

Une bêche.

Un pique-hoyau.

Un panier ou crible.

Un crochet, une *S* ou une estrope, pour porter la bombe.

Une barre pour porter la bombe.

Deux anspects ou pinces.

Un balai.

A la droite du Mortier.

Le premier Bombardier.

La moitié des Servans.

La curette ou grattoir.

L'étoupe sèche ou l'éponge.

Les tampons de toile ou le fourrage.

La demoiselle.

La spatule.

La platine.

Deux anspects ou pinces.

La couverture du mortier.

Un niveau ou quart-de-cercle.

Un balai.

Les deux boute-feux à quelques pas en arrière du mortier.

3. *Nettoyez le mortier.* Le premier Bombardier nettoie le mortier avec la curette que lui donne son premier Servant, ensuite il essuie la chambre à poudre avec de l'étoupe sèche, ou avec une éponge.

Il est essentiel que la chambre à poudre soit très-sèche, l'humidité & la crasse diminuant la force de la poudre.

4. *Mettez le dégorgeoir dans la lumière.* Cette précaution de mettre le dégorgeoir dans la lumière, & de l'y laisser tandis que l'on charge, est essentielle pour nettoyer la lumière & l'empêcher de s'engager; c'est le devoir du premier Bombardier, parce qu'il doit se rendre certain de l'exécution du mortier.

5. *A la poudre.* Le Bombardier de la gauche va chercher la poudre dans quelque mesure couverte, & demande auparavant au premier Bombardier, quelle quantité de poudre il doit prendre.

Le magasin à poudre doit être un peu éloigné de la batterie & du magasin des bombes.

6. *Mettez la poudre dans le mortier.* Le Bombardier de la gauche donne à celui de la droite la mesure à poudre & l'entonnoir ou coupelle, & le premier Bombardier verse la poudre dans la chambre, en la répandant également.

7. *Mettez le bouchon sur la poudre.* Un Servant de la droite donne au chargeur un morceau de toile de 10 à 12 pouces en quarré, une feuille de papier, ou un bouchon de fourrage sec pour mettre sur la poudre, afin de la séparer de la terre dont il faudra peut-être achever de remplir la chambre.

8. *Mettez la terre dans le mortier.* Si la poudre ne remplit pas suffisamment la chambre, le Bombardier de la gauche présente dans une manne, de la terre douce au Bombardier de la droite, qui en prend ce qui convient pour remplir la chambre jusqu'à la gorge.

9. *Prenez la demoiselle.* Un Servant de la droite donne à son chef la demoiselle, c'est un refouloir dont la hampe n'a que deux à trois pieds de long.

10. *Refoulez trois fois.* Le Chargeur donne trois coups sur la terre avec la demoiselle, observant de les frapper bien droit, & d'une force égale.

11. *Remettez la demoiselle.* Le Chargeur rend la demoiselle à son Servant, qui la remet en sa place.

12. *Prenez la terre.* Le Chargeur jette un peu de terre dans le fond du mortier pour faire un lit à la bombe.

13. *A la bombe.* Les bombes doivent être rangées la fusée en haut dans un endroit à l'abri du feu, & à quelques pas en arrière de la batterie; on couvre les bombes d'un cuir verd.

Un Servant de la gauche prend la barre ou un anspect pour porter la bombe, & un crochet, une *S* ou une estrope, pour passer dans une anse de la bombe, ou pour la saisir par le collet; un Servant de la droite porte la bombe avec celui de la gauche.

14 *Mettez la bombe dans le mortier.* Les deux Servans élèvent la bombe, & le Chargeur la conduit & la pose dans le mortier, de manière que la fusée soit dans l'axe de l'ame, & les deux anses dans un diamètre horizontal ou dans un vertical.

15. *Mettez la terre autour de la bombe.*
16. *Prenez la spatule.*
17. *Remettez la spatule.* Cette terre sert à bien asseoir & assujétir la bombe; on la range autour d'elle avec la spatule ou le bout du manche de la demoiselle coupé en coin; c'est un Servant de la droite qui présente la spatule au Chargeur, & qui la met en sa place.

18. *Décoëffez la fusée.*
19. *Grattez la composition.*
20. *Amorcez la fusée.* Pour conserver les fusées on les coëffe d'un morceau de parchemin enduit de quelque mastic ou résine: le Bombardier-chef décoëffe la fusée, gratte la composition pour la rafraîchir, & met le pulverin sur la tête de la fusée, afin de l'amorcer; le Bombardier de la gauche présente le pulverin au Chargeur.

21. *Couvrez le mortier.* On couvre le mortier d'une toile ou cuir verd, si l'on ne doit pas faire feu immédiatement après que le mortier est chargé.

22. *Amorcez le mortier.* Le premier Bombardier retire son dégorgeoir de la lumière, & y introduit une épinglette plus fine pour ranger & faire couler la poudre de l'amorce que le Bombardier de la gauche verse de la corne d'amorce, celui-ci met un peu de pulverin par dessus l'amorce de poudre.

23. *Couvrez la lumière.* C'est par précaution que le Bombardier de la droite couvre la lumière d'une platine de plomb que

que lui présente un de ses Servans. A ce même commandement un dernier Servant de la droite & un de la gauche balayent la plate-forme.

24. *Prenez les pinces & anspects.* Deux Servans de la droite & deux de la gauche prennent les pinces & anspects pour dresser le mortier à l'objet; les autres Servans doublent sur les pinces & anspects.

25. *Pointez.*
26. *Aux coins & aux masses.* Le Bombardier-chef pointe & commande aux Servans des pinces & anspects, & à ceux des coins & des masses, ce qui convient pour présenter l'affût du mortier à l'objet.

27. *Donnez le degré.* Les mortiers de la marine sont le plus communément coulés à plaque, & pointés à 45 degrés; & comme la plus grande portée est sous cet angle, on se sert de coins de fer plats pour chasser sous les extrémités de l'affût, afin de corriger le défaut des plate-formes & de mettre ainsi l'affût horizontal.

On vérifie avec un quart-de-cercle ou un niveau, si le mortier est sous 45 degrés & s'il ne penche d'aucun côté.

28. *Remettez les pinces, les anspects & les masses.* Les Servans remettent les pinces, les anspects & les masses en leur place, & se retirent à quelques pas de la plate-forme en arrière.

29. *Aux boute-feux.* Un Servant de la droite & le Bombardier de la gauche vont prendre les boute-feux piqués en terre à quelques pas en arrière de la batterie.

30. *Soufflez les mèches.* Le Servant de la droite, placé à la hauteur de la bouche du mortier, & tournant le dos à l'épaulement, tient son boute-feu horizontalement, les bras tendus en avant à la hauteur des épaules, ayant la main droite à l'extrémité inférieure du boute-feu, & la gauche joignant la mèche.

Le Bombardier de la gauche situé à la hauteur de la lumière, ayant le bras gauche pendant & le droit étendu à côté de lui à la hauteur de l'épaule, tient le boute-feu élevé. Ils soufflent l'un & l'autre la mèche avec force, & reprennent leur première attitude.

31. *Découvrez le mortier.* Un Servant de la droite découvre le mortier, & jette le cuir verd à quelques pas à côté.

32. *Feu à la fusée.*	Le premier Servant met le feu à la fusée & se retire aussi-tôt en arrière.
33. *Decouvrez la lumière.*	Le Servant de la droite qui découvre le mortier, lève la platine de dessus la lumière.
34. *Feu au mortier.*	Le Bombardier de la gauche met feu; c'est au Bombardier-chef à faire ces six derniers commandemens ; Il doit se tenir en arrière du mortier, & compter le *nombre* de la fusée pour mesurer sa durée, afin d'ordonner à propos feu au mortier; & il observe le coup.
35. *Remettez les boute-feux.*	On les pique en leur place.
36. *Le mortier en batterie.*	Les Servans prennent les pinces & anspects pour remettre le mortier en batterie.

RÉCAPITULATION des fonctions des Bombardiers-Chefs & Servans.

Bombardiers de la gauche.	*Bombardiers de la droite.*
Va chercher la poudre.	Nettoie le mortier avec la curette & l'éponge, ou l'étoupe sèche.
Donne la poudre au chef.	Met le dégorgeoir dans la lumière.
Est présent à toutes les fonctions du chef.	Charge le mortier.
Donne l'entonnoir ou coupelle.	Décoëffe la fusée.
Présente le pulverin pour amorcer la fusée.	Amorce la fusée.
Met l'amorce de poudre & de pulverin au mortier.	Couvre le mortier.
	Oste le dégorgeoir de la lumière, & met l'épinglette.
Prend le boute-feu.	Couvre la lumière.
Met feu au mortier.	Pointe.
	Donne le degré.
	Commande le feu.
	Observe le coup.

Premier Servant.	*Premier Servant.*
Donne au Bombardier de la gauche l'entonnoir ou coupelle.	Donne la curette, l'étoupe sèche, l'éponge.
Donne le pulverin.	Donne le tampon de toile ou le fourrage.

Premier Servant.

Prend un anſpect ou une pince.

Second Servant.

Va chercher la bombe avec la barre & le crochet.

Nettoie la bombe.

Prend un anſpect ou une pince.

Balaye la plate-forme.

Premier Servant.

Donne la demoiſelle.

Donne la couverture du mortier.

Prend un anſpect ou une pince.

Met feu à la fuſée.

Second Servant.

Va chercher la bombe avec le Servant de la gauche.

Couvre la lumière.

Prend un anſpect ou une pince.

Découvre le mortier.

Découvre la lumière.

Balaye la plate-forme.

www.ingramcontent.com/pod-product-compliance
Ingram Content Group UK Ltd.
Pitfield, Milton Keynes, MK11 3LW, UK
UKHW020223180726
13838UKWH00005B/2153

9 782329 356068